"十二五"普通高等教育本科国家级规划教材配套参考书

复变函数与积分变换练习册

Fubian Hanshu yu Jifen Bianhuan Lianxice

华中科技大学数学与统计学院复变函数与积分变换课程组

高等教育出版社·北京

图书在版编目(CIP)数据

复变函数与积分变换练习册/华中科技大学数学与统计学院复变函数与积分变换课程组编. --北京:高等教育出版社,2017.8(2024.9重印)
ISBN 978-7-04-048364-2

Ⅰ. ①复… Ⅱ. ①华… Ⅲ. ①复变函数-高等学校-习题集②积分变换-高等学校-习题集 Ⅳ. ①O174.5-44 ②O177.6-44

中国版本图书馆 CIP 数据核字(2017)第 188565 号

策划编辑 于丽娜　责任编辑 于丽娜　封面设计 张申申　版式设计 范晓红
责任校对 王 雨　责任印制 耿 轩

出版发行	高等教育出版社	网　址	http://www.hep.edu.cn
社　址	北京市西城区德外大街4号		http://www.hep.com.cn
邮政编码	100120	网上订购	http://www.hepmall.com.cn
印　刷	小森印刷(北京)有限公司		http://www.hepmall.com
开　本	889 mm×1194 mm 1/16		http://www.hepmall.cn
印　张	3		
字　数	70 千字	版　次	2017 年 8 月第 1 版
购书热线	010-58581118	印　次	2024 年 9 月第13次印刷
咨询电话	400-810-0598	定　价	9.80 元

物 料 号 48364-00

前　言

本书是“十二五”普通高等教育本科国家级规划教材《复变函数与积分变换》(第四版)(华中科技大学数学与统计学院李红、谢松法)的配套练习册，旨在规范学生作业，方便教师批改。练习册没有提供题目解答，意在培养学生的独立思考能力、解决问题能力和自我判断能力。

全书共19组练习，编排顺序与主教材章节一致，对应主教材中的复数与复变函数、解析函数、复变函数的积分、解析函数的级数表示、留数及其应用、共形映射、傅里叶变换和拉普拉斯变换的教学内容。因教材第七章“解析函数在平面场的应用”为选讲内容，故本书没有配备练习。每个练习由基本题、提高题和思考题组成，题目由易到难，由浅入深，帮助学生迅速而全面地掌握复变函数与积分变换课程的知识。

该练习册以活页的形式装订，便于作业的布置、收发和保存，可供使用主教材的教师和学生使用，希望能为教学中作业和练习的环节提供方便。如有不当之处，敬请使用者批评指正。

作　者

2017年5月

目　　录

复数与复变函数

练　习　一

1. 求下列各复数的实部、虚部、模与辐角：

(1) $\dfrac{1+2\mathrm{i}}{3-4\mathrm{i}}-\dfrac{2-\mathrm{i}}{5\mathrm{i}}$；　　　　(2) $\left(\dfrac{1+\sqrt{3}\,\mathrm{i}}{2}\right)^{3}$.

2. 将下列复数写成三角表示式：

(1) $1-\sqrt{3}\,\mathrm{i}$；　　　　(2) $\dfrac{2\mathrm{i}}{1+\mathrm{i}}$.

3. 利用复数的三角表示计算下列各式：

(1) $\dfrac{-2+3\mathrm{i}}{3+2\mathrm{i}}$；　　　　(2) $\sqrt[4]{-2+2\mathrm{i}}$.

4. 设 z_1,z_2,z_3 三点适合条件 $z_1+z_2+z_3=0$，$|z_1|=|z_2|=|z_3|=1$，证明：z_1,z_2,z_3 是内接于单位圆 $|z|=1$ 的一个正三角形的顶点.

5. 解方程 $z^3+1=0$.

6. 试证:当 $|\alpha|=1$, $|\beta|<1$ 时,则 $\left|\dfrac{\alpha-\beta}{1-\bar{\alpha}\beta}\right|=1$.

7. 设 $z+z^{-1}=2\cos\theta$($z\neq0$,θ 是 z 的辐角),求证:$z^n+z^{-n}=2\cos n\theta$.

*8. 思考题

(1) 复数为什么不能比较大小?

(2) 是否任意复数都有辐角?

练　习　二

1. 指出满足下列各式的点 z 的轨迹是什么曲线?

(1) $\arg(z-\mathrm{i})=\dfrac{\pi}{4}$;

(2) $|z-a|=\mathrm{Re}(z-b)$,其中 a,b 为实常数;

(3) $z\bar{z}+a\bar{z}+\bar{a}z+b=0$,其中 a 为复数,b 为实常数.

2. 用复参数方程表示曲线:连接 $1+\mathrm{i}$ 与 $-1-4\mathrm{i}$ 的直线段.

3. 画出下列不等式所确定的图形,指出它们是否为区域、闭区域,并指明它是有界的还是无界的?是单连通区域还是多连通区域?并标出区域边界的方向.

(1) $|z|<1,\mathrm{Re}z\leqslant\frac{1}{2}$; (2) $\mathrm{Re}z^2<1$; (3) $\left|\frac{z-1}{z+1}\right|\leqslant 2$.

4. 对于函数 $w=f(z)=\mathrm{i}z,D:\mathrm{Im}z>0$,描出当 z 在区域 D 内变化时,w 的变化范围.

5. 试证:$\lim\limits_{z\to 0}\frac{\mathrm{Re}\ z}{z}$不存在.

*6. 思考题

(1) 怎样理解复变函数 $w=f(z)$?

(2) 设复变函数 $f(z)$ 当 $z\to z_0$ 时的极限存在,此极限值与 z 趋于 z_0 所采取的方式(取的路径)有无关系?

解析函数

练　习　三

1．用导数定义求 $f(z)=z\mathrm{Re}\,z$ 的导数.

2．下列函数在何处可导，何处不可导？何处解析，何处不解析？

（1）$f(z)=\dfrac{1}{\bar{z}}$；

（2）$f(z)=x^3-3xy^2+\mathrm{i}(3x^2y-y^3)$.

3．设 $f(z)=my^3+nx^2y+\mathrm{i}(x^3+lxy^2)$ 为解析函数，试确定 l,m,n 的值.

4. 设$f(z)$在区域 D 内解析,试证明在 D 内下列条件是彼此等价的:

(1) $f(z)=$常数;　(2) $f'(z)=0$;　(3) $\mathrm{Re}\,f(z)=$常数;

(4) $\mathrm{Im}\,f(z)=$常数;　(5) $\overline{f(z)}$解析;　(6) $|f(z)|=$常数.

*5. 思考题

(1) 复变函数$f(z)$在一点 z_0 可导与在 z_0 解析有什么区别?

(2) 函数$f(z)$在区域 D 内解析与$f(z)$在区域 D 内可导有无区别?

(3) 用 C-R 条件判断 $f(z)=u(x,y)+\mathrm{i}v(x,y)$解析时应注意些什么?

(4) 判断复变函数的可导性或解析性一般有哪些方法?

练　习　四

1．由下列条件求解析函数 $f(z)=u+\mathrm{i}v$：

（1）$u=2(x-1)y$，$f(2)=-\mathrm{i}$；

（2）$v=\arctan\dfrac{y}{x}$，$x>0$.

2．设 $v=\mathrm{e}^{px}\sin y$，求 p 的值使 v 为调和函数，并求出解析函数 $f(z)=u+\mathrm{i}v$.

3．如果 $f(z)=u+\mathrm{i}v$ 是一解析函数，试证：$-u$ 是 v 的共轭调和函数.

4．如果 $f(z)=u+\mathrm{i}v$ 是一解析函数，试证：$\mathrm{i}\,\overline{f(z)}$ 也是解析函数.

5. 试解下列方程：

(1) $e^z=1+\sqrt{3}\,i$；

(2) $\sin z+\cos z=0$.

6. 求下列各式的值：

(1) $\mathrm{Ln}(-3+4i)$；　　(2) 3^{3-i}；　　(3) e^{2+i}.

*7. 思考题

(1) 为什么复变指数函数是周期函数，而实变指数函数没有周期？

(2) 实变三角函数与复变三角函数在性质上有哪些异同？

(3) 怎样理解实变对数函数与复变对数函数的异同？并理解复变对数函数的运算性质.

(4) 调和函数与解析函数有什么关系？

(5) 若 v 是 u 的共轭调和函数，可以说 u 是 v 的共轭调和函数吗？

复变函数的积分

练　习　五

1. 计算积分 $\int_0^{1+i}[(x-y)+ix^2]dz$，积分路径：自原点沿实轴至 1，再由 1 铅直向上至 1+i.

2. 计算积分 $\oint_C \frac{\bar{z}}{|z|}dz$ 的值，其中 C 为(1) $|z|=2$；(2) $|z|=4$.

3. 求积分 $\int_C \frac{e^z}{z}dz$ 的值，其中 C 由正向圆周 $|z|=2$ 与负向圆周 $|z|=1$ 所组成.

4. 计算 $\oint_C \frac{1}{z^2-z}dz$，其中 C 为圆周 $|z|=2$.

5．计算下列积分值：

（1）$\int_0^{\pi i} \sin z\mathrm{d}z$；　　（2）$\int_1^{1+i} ze^z\mathrm{d}z$.

6．当积分路径是自$-i$沿虚轴到i，利用积分性质证明：$\left|\int_{-i}^{i}(x^2+iy^2)\mathrm{d}z\right| \leqslant 2$.

*7．思考题

（1）在积分的定义中为什么要强调积分$f(z)$“沿曲线C由α到β的积分”？它与“沿曲线C由β到α的积分”有什么区别？

（2）复函数$f(z)$的积分与实一元函数定积分是否一致？

（3）应用柯西-古萨定理应注意些什么？

练　习　六

1. 计算下列积分：

(1) $\oint_{|z|=2}\frac{2z^2-z+1}{z-1}\mathrm{d}z$；

(2) $\oint_{|z|=1}\frac{\mathrm{e}^z}{z^{100}}\mathrm{d}z$；

(3) $\oint_{|z|=2}\frac{\sin z}{\left(z-\frac{\pi}{2}\right)^2}\mathrm{d}z$；

(4) $\oint_{C=C_1+C_2^-}\frac{\cos z}{z^3}\mathrm{d}z$，其中 C_1 ：$|z|=2$；C_2 ：$|z|=3$.

2. 若$f(z)$是区域G内的非常数解析函数，且$f(z)$在G内无零点，试证：$f(z)$不能在G内取到它的最小模.

3. 设$f(z)$在$|z|\leqslant 1$上解析，且在$|z|=1$上有$|f(z)-z|<|z|$，试证：$\left|f'\left(\frac{1}{2}\right)\right|<8$.

4. 设$f(z)$与$g(z)$在区域D内处处解析，C为D内的任何一条简单闭曲线，它的内部全含于D. 如果$f(z)=g(z)$在C上所有的点处成立，试证：在C内所有的点处$f(z)=g(z)$也成立.

*5. 思考题

（1）复合闭路定理在积分计算中有什么用处？要注意什么问题？

（2）柯西积分公式成立的条件是什么？柯西积分公式说明了什么问题？

（3）解析函数的高阶导数公式说明解析函数的导数与实函数的导数有何不同？

解析函数的级数表示

练　习　七

1. 序列 $z_n=\frac{n!}{n^n}\mathrm{i}^n$ 是否有极限？若有，求出其极限.

2. 级数 $\sum_{n=1}^{\infty}\frac{\mathrm{i}^n}{n!}$ 是否收敛？是否绝对收敛？

3. 试确定下列幂级数的收敛半径：

(1) $\sum_{n=0}^{\infty}\cos(\mathrm{i}n)z^n$；　　(2) $\sum_{n=0}^{\infty}(n+a^n)z^n$.

4．将下列各函数展开为 z 的幂级数，并指出其收敛区域：

（1）$\dfrac{1}{(1-z)^2}$；　　　　（2）$e^{\frac{z}{z-1}}$；

（3）$\int_0^z e^{z^2}dz$.

5．讨论级数 $\sum\limits_{n=0}^{\infty}(z^{n+1}-z^n)$ 的收敛性.

6．证明：$\sum\limits_{n=1}^{\infty}z^{-n}$ 在 $|z|>1$ 内解析.

*7．思考题

（1）如何判定级数的绝对收敛性与收敛性？

（2）判定级数 $\sum\limits_{n=0}^{\infty}a_n$ 收敛的必要条件是什么？$\sum\limits_{n=0}^{\infty}a_n$ 绝对收敛的充要条件又是什么？

（3）为什么说函数能展开为幂级数与函数为解析函数是等价的？

练　习　八

1. 求下列函数在指定点 z_0 处的泰勒展开式：

(1) $\dfrac{1}{4-3z}, z_0=1+i$；

(2) $\sin z, z_0=1$.

2. 将下列各函数在指定圆环内展开为洛朗级数：

(1) $z^2 e^{\frac{1}{z}}, 0<|z|<\infty$；

（2）$\dfrac{z^2-2z+5}{(z-2)(z^2+1)}$，$1<|z|<2$.

3. 将 $f(z)=\dfrac{1}{(z^2+1)^2}$ 在 $z=\mathrm{i}$ 的去心邻域内展开为洛朗级数.

4. 证明：在 $f(z)=\cos\left(z+\dfrac{1}{z}\right)$ 以 z 的各幂表出的洛朗展开式中的各系数为

$$C_n=\frac{1}{2\pi}\int_0^{2\pi}\cos(2\cos\theta)\cos n\theta\mathrm{d}\theta, n=0,\pm1,\cdots.$$

提示：令 C 为单位圆 $|z|=1$，在 C 上取积分变量 $z=\mathrm{e}^{\mathrm{i}\theta}$，则 $z+\dfrac{1}{z}=2\cos\theta$，$\mathrm{d}z=\mathrm{i}\mathrm{e}^{\mathrm{i}\theta}\mathrm{d}\theta$.

*5. 思考题

（1）实变量函数中函数展开为泰勒级数和复变量函数中函数展开为泰勒级数的条件有什么不同?

（2）确定 $f(z)$ 的泰勒级数的收敛半径时，应注意什么？奇点为什么在收敛圆周上?

（3）洛朗级数与泰勒级数有何关系?

留数及其应用

练　习　九

1. 找出下列各函数的所有零点,并指明其阶数:

(1) $\frac{z^2+9}{z^4}$;　　　　(2) $z^2(e^{z^2}-1)$;

(3) $f(z)=6\sin z^3+z^3(z^6-6)$,问 $z=0$ 是 $f(z)$ 的几阶零点?

2. 下列各函数有哪些有限奇点?各属何类型(若是极点,指明它的阶数):

(1) $\frac{\tan(z-1)}{z-1}$;　　　　(2) $\frac{1}{e^z-1}-\frac{1}{z}$;

(3) $e^{\frac{1}{z-1}}$;　　　　(4) $\frac{1}{\sin z+\cos z}$;

(5) $\dfrac{\sin z}{z^3}$;　　　　(6) $\dfrac{1}{z^2(e^z-1)}$.

3. 证明:若 $f(z)$ 与 $g(z)$ 是以 z_0 为零点的两个不恒为零的解析函数,则

$$\lim_{z\to z_0}\frac{f(z)}{g(z)}=\lim_{z\to z_0}\frac{f'(z)}{g'(z)}\quad(\text{或两端均为}\infty).$$

4. 问 ∞ 是否为下列各函数的孤立奇点:

(1) $\dfrac{\sin z}{1+z^2+z^3}$;　　　　(2) $\dfrac{1}{e^z-1}$.

*5. 思考题

(1) 解析函数的零点、极点、多项式的根及使有理函数的分母为零的点有什么关系?

(2) 怎样确定极点的阶数?

(3) 若解析函数的零点不是孤立的,那么它是否一定为常数?

练　习　十

1. 求下列函数在指定点处的留数：

（1）$\dfrac{1}{(z-1)(z+1)^2}, z=\pm 1$；　　　　（2）$\dfrac{1-e^{2z}}{z^4}, z=0$.

2. 求下列函数在有限孤立奇点处的留数：

（1）$\dfrac{\sin 2z}{(z+1)^3}$；　　　　（2）$\dfrac{1}{z\sin z}$；

（3）$\dfrac{e^{\frac{1}{z}}}{1-z}$；　　　　（4）$e^{z+\frac{1}{z}}$.

3. 判定 $z=\infty$ 是下列函数的什么奇点，并求出在 ∞ 的留数：

（1）$z+\dfrac{1}{z}$；　　　　（2）$\sin z-\cos z$.

4. 利用留数计算下列复积分：

(1) $\oint_{|z|=\frac{3}{2}} \frac{e^z}{(z-1)(z+3)^2}dz$;

(2) $\oint_{|z|=1} \frac{dz}{(z-a)^n(z-b)^n}$ （n 为正整数，$|a|\neq 1$，$|b|\neq 1$，$|a|<|b|$）；

(3) $\oint_{|z|=3} \frac{z^{15}}{(z^2+1)^2(z^4+2)^3}dz$.

*5. 思考题

(1) 留数的各种求法的理论根据是什么？

(2) 有限可去奇点的留数为0，当∞为函数 $f(z)$ 的可去奇点时，留数是否一定为0？

练 习 十 一

1. 利用留数求下列定积分：

(1) $\int_0^{2\pi} \frac{d\theta}{a+\cos\theta}$ $(a>1)$；

(2) $\int_0^{\pi} \frac{d\theta}{a+\sin^2\theta}$ $(a>0)$；

(3) $\int_{-\infty}^{+\infty} \frac{x^2}{x^4+x^2+1}dx$；

(4) $\int_0^{+\infty}\frac{1}{(1+x^2)^3}\mathrm{d}x$;

(5) $\int_{-\infty}^{+\infty}\frac{\cos x}{x^2+9}\mathrm{d}x$;

(6) $\int_0^{+\infty}\frac{x\sin\beta x}{(x^2+b^2)^2}\mathrm{d}x\quad(\beta>0,b>0)$.

*2. 思考题

利用留数计算定积分要注意哪些问题?

共形映射

练 习 十 二

1. 一个解析函数所构成的映射在什么条件下具有伸缩率和旋转角的不变性？映射 $w=z^2$ 在 z 平面上处处都具有这个性质吗？

2. 求 $f(z)=z^3$ 在下列各点处的导数值，并根据导数的几何意义解释这些结果：

(1) $z_1=\mathrm{i}$；　　　　(2) $z_2=1-\mathrm{i}$；　　　　(3) $z_3=0$.

3. 在映射 $w=\frac{1}{z}$ 下,求下列曲线的像曲线:

(1) $x^2+y^2=4$;

(2) $(x-1)^2+y^2=1$.

4. 一个以 $z_1=i,z_2=-1,z_3=1$ 为顶点的三角形内部在映射 $w=z+i,\xi=2z,\eta=-iz$ 下分别变为怎样的区域?

*5. 思考题

(1) 为什么在论述导数的几何意义时,要假定 $f'(z_0)\neq 0$?

(2) 若 z_1 与 z_2 关于一圆周对称,在 $w=\frac{1}{z}$ 的映射下,它们的像在 w 平面上是否也关于某一圆周对称? 若 z_1 与 z_2 关于一直线对称,在 $w=\frac{1}{z}$ 的映射下,它们的像在 w 平面上能否关于某一圆周对称?

练 习 十 三

1. 下列函数将下列区域映射成什么区域？

(1) $x>0, y>0, w=\frac{z-\mathrm{i}}{z+\mathrm{i}}$;

(2) $\mathrm{Re}\, z>0, 0<\mathrm{Im}\, z<1, w=\frac{\mathrm{i}}{z}$.

2. 求将点 $-1, \infty, \mathrm{i}$ 分别依次映射为下列各点的分式线性映射：

(1) $\mathrm{i}, 1, 1+\mathrm{i}$;

(2) $\infty, \mathrm{i}, 1$.

3. 求将上半平面 $\operatorname{Im} z>0$ 映射为单位圆内部 $|w|<1$ 的分式线性映射 $w=f(z)$,并满足条件:

(1) $f(\mathrm{i})=0$, $f(-1)=1$;

(2) $f(1)=1$, $f(\mathrm{i})=\dfrac{1}{\sqrt{5}}$.

*4. 思考题

(1) 怎样判断一个圆周在经过分式线性映射后变成一个圆周还是变成一条直线?

(2) 分式线性映射的保圆性、保对称性的含义是什么?

练 习 十 四

1. 求将 $|z|<1$ 映射为 $|w|<1$ 的分式线性映射 $w=f(z)$，并满足条件：

(1) $f\left(\frac{1}{2}\right)=0, f(-1)=1$；　　(2) $f\left(\frac{1}{2}\right)=0, \arg f'\left(\frac{1}{2}\right)=\frac{\pi}{2}$.

2. 映射 $w=z^2$ 把上半单位圆域 $\{z: |z|<1, \operatorname{Im} z>0\}$ 映射成什么区域？

3. 求将下列区域映为上半平面的共形映射：

(1) $|z+\mathrm{i}|>\sqrt{2}, |z-\mathrm{i}|<\sqrt{2}$；

（2）$|z|<2, \mathrm{Im}\, z>1$；

（3）$a<\mathrm{Re}\, z<b$；

（4）$|z|>2, 0<\arg z<\dfrac{3\pi}{2}$；

（5）$\left|z-\dfrac{\mathrm{i}}{2}\right|>\dfrac{1}{2}, |z|<1$.

*4. 思考题

（1）幂函数所实现的映射有什么性质？它在什么地方实现保角映射？

（2）正整次幂函数将角形域变为角形域和分式线性函数将角形域变为角形域各自有什么特点？

（3）如何将带形区域保角映射为角形区域？

傅里叶变换

练习十五

1. 试求 $f(t)=|\sin t|$ 的离散频谱和它的傅里叶级数的复指数形式.

2. 求下列函数的傅里叶变换：

(1) $f(t)=\begin{cases}-1, & -1<t<0, \\ 1, & 0<t<1, \\ 0, & \text{其他};\end{cases}$

(2) $f(t)=\begin{cases}e^{t}, & t\leqslant 0, \\ 0, & t>0.\end{cases}$

3. 设 $f(t)=\begin{cases}\sin t, & |t|\leqslant\pi,\\ 0, & |t|>\pi,\end{cases}$ 求 $f(t)$ 的傅里叶变换，并推证：

$$\int_0^{+\infty}\frac{\sin\omega\pi\sin\omega t}{1-\omega^2}\mathrm{d}\omega=\begin{cases}\dfrac{\pi}{2}\sin t, & |t|\leqslant\pi,\\ 0, & |t|>\pi.\end{cases}$$

4. 已知函数 $f(t)$ 的频谱为 $F(\omega)=\begin{cases}1, & 2<|\omega|<4,\\ 0, & \text{其他},\end{cases}$ 求 $f(t)$.

练习十六

1. 求下列函数的傅里叶变换：

(1) $\operatorname{sgn} t=\begin{cases}-1, & t<0, \\ 1, & t>0;\end{cases}$

(2) $f(t)=\cos t\sin t$;

(3) $f(t)=\sin^{3} t$.

2. 已知 $F(\omega)=\pi[\delta(\omega+\omega_0)+\delta(\omega-\omega_0)]$ 为函数 $f(t)$ 的傅里叶变换,求 $f(t)$.

3. 求函数 $f(t)=\frac{1}{2}\left[\delta(t+a)+\delta(t-a)+\delta\left(t+\frac{a}{2}\right)+\delta\left(t-\frac{a}{2}\right)\right]$ 的傅里叶变换.

4. 设实函数 $f(t)$ 的傅里叶变换为 $F(\omega)$,证明:$\int_0^{+\infty}|F(\omega)|^2\mathrm{d}\omega=\int_{-\infty}^0|F(\omega)|^2\mathrm{d}\omega$.

练习十七

1. 设$f_1(t)=\begin{cases}0, & t<0,\\ 1, & t\geqslant 0,\end{cases}$ $f_2(t)=\begin{cases}0, & t<0,\\ e^{-t}, & t\geqslant 0,\end{cases}$ 求$f_1(t)*f_2(t)$.

2. 求下列函数的傅里叶变换：

(1) $f(t)=\sin\omega_0 t\cdot u(t)$；

(2) $f(t)=\delta(t-1)\cdot(t-2)^2\cdot\cos t$.

3．证明：$a[f_1(t)*f_2(t)]=[af_1(t)]*f_2(t)$（$a$ 为常数）．

4．若 $F_1(\omega)=\mathscr{F}[f_1(t)]$，$F_2(\omega)=\mathscr{F}[f_2(t)]$，证明：

$$\mathscr{F}[f_1(t)\cdot f_2(t)]=\frac{1}{2\pi}F_1(\omega)*F_2(\omega).$$

拉普拉斯变换

练 习 十 八

1．求下列函数的拉普拉斯变换：

（1）$f(t)=\begin{cases} 3, & 0\leqslant t<\dfrac{\pi}{2}, \\ \cos t, & t\geqslant \dfrac{\pi}{2}; \end{cases}$

（2）$f(t)=\sin t\cos t$;

（3）$f(t)=(t-1)^2\mathrm{e}^t$.

2. 利用拉普拉斯变换的性质，计算$\mathscr{L}[f(t)]$：

(1) $f(t)=t\mathrm{e}^{-3t}\sin t$;

(2) $f(t)=t\int_0^t \mathrm{e}^{-3t}\sin 2t\mathrm{d}t$;

(3) $f(t)=\int_0^t \frac{\mathrm{e}^{-3t}\sin 2t}{t}\mathrm{d}t$.

3. 求积分$\int_0^{+\infty} \frac{\mathrm{e}^{-t}-\mathrm{e}^{-2t}}{t}\mathrm{d}t$的值.

练 习 十 九

1. 求下列像函数 $F(s)$ 的拉普拉斯逆变换:

(1) $\dfrac{s}{(s-a)(s-b)}$;

(2) $\dfrac{1}{s^4+5s^2+4}$;

(3) $\ln\dfrac{s^2-1}{s^2}$;

(4) $\dfrac{1+\mathrm{e}^{-2s}}{s^2}$.

2. 利用卷积定理证明: $\mathscr{L}\left[\int_0^t f(t)\,\mathrm{d}t\right]=\mathscr{L}[f(t)*u(t)]=\dfrac{F(s)}{s}$.

3. 用拉普拉斯变换解下列微分方程(组)：

(1) $y''-2y'+y=e^{t}, y(0)=y'(0)=0$；

(2) $y^{(4)}+y'''=\cos t, y(0)=y'(0)=y'''(0)=0, y''(0)=c$(常数)；

(3) $\begin{cases} y''-x''+x'-y=e^{t}-2, x(0)=x'(0)=0, \\ 2y''-x''-2y'+x=-t, y(0)=y'(0)=0. \end{cases}$